Dirk Stermann & Rudi Klein

Czernin Verlag

Der Banane ging's gut.
Der Banane ging's sogar ausgezeichnet.

Bis sie gepflückt wurde.
Da wurde sie hin- und hergerüttelt.

»Ich glaub, ich muss gleich speiben«,
sagte die Banane.

Dann wurde sie in einen Lastwagen geworfen und weggefahren.
Es holperte und rumpelte, und sie wurde in ihrer Kiste hin- und hergeschüttelt.

»Ich glaub, ich muss gleich speiben«, sagte die Banane.

Dann wurde sie mit einem Kran vom Lastwagen gehoben, sie schwebte durch die Luft, es war windig und es wackelte sehr.

»Ich glaub, ich muss gleich speiben«, sagte die Banane.

Sie wurde auf ein Schiff gebracht, und man fuhr mit ihr übers Meer.
Da war oft unruhige See. Sie wurde seekrank und immer grüner, und oft hörte man sie sagen:

»Ich glaub, ich muss gleich speiben!«

Endlich legte das Schiff an.
Wieder hob ein Kran sie in die Luft.
Und wieder wackelte es sehr. Hin und her.
»Ich glaub, ich muss gleich speiben«,
sagte die Banane.

Da lag sie am Hafen in einer Kiste
in der prallen Sonne. Sie wurde
grüner und grüner.
»Ich muss wirklich gleich speiben«,
sagte sie.

Mit einem Auto wurde sie zu einem
Markt gebracht. Es rumpelte
sehr, und sie wurde immer grüner.
»Ich mein's ernst«, sagte sie.
»Ich glaub, ich muss gleich speiben.«

Auf dem Markt wurde sie zu anderen
Bananen gelegt. Die waren alle
grün und riefen im Chor:
»Ich glaub, ich muss gleich speiben.«

Eine Oma griff nach ihr und warf sie in einen Einkaufskorb. Die Oma wackelte mit dem Korb beim Gehen sehr.
Die Oma wackelte mit dem Korb so sehr, dass die Banane speiben musste.

»Igitt«, rief die Oma.
»Ich glaub, ich muss noch mal speiben«,
sagte die Banane.
»Das ist ja eklig«, rief die Oma und brachte die
Banane zum Obststand zurück.

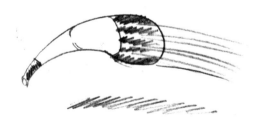

»Das gibt's ja wohl nicht«, sagte
der Obsthändler und brachte die Banane
zum Hafen zurück.

»Das darf ja nicht wahr sein«, sagte
der Bananenhändler und brachte sie mit
dem Schiff nach Hause zurück.

Zu Hause geht's der Banane
wieder gut. Der Banane geht's sogar
ausgezeichnet. Sie ist auch wieder gelb.
Schön gelb. Und immer und immer wieder
muss sie den anderen Bananen
ihre Geschichte erzählen.
»Was hast du immer gesagt?«, fragen
die anderen Bananen.

»Ich glaub, ich muss gleich speiben.«

Für Hannah und Anton

Stermann, Dirk/Klein, Rudi: Die Speibbanane / Dirk Stermann (Text), Rudi Klein (Illustration)
Wien: Czernin Verlag 2018
ISBN: 978-3-7076-0653-9

© 2018 Czernin Verlags GmbH, Wien
Satz: Mirjam Riepl
Druck: Christian Theiss GmbH, A-9431 St. Stefan
ISBN: 978-3-7076-0653-9
»Die Speibbanane« ist erstmals 2004 im Verlag Georg Hoanzl erschienen.

Alle Rechte vorbehalten, auch das der auszugsweisen Wiedergabe
in Print- oder elektronischen Medien